職場の"あぶない"がひと目でわかる!危険マップをつくろう

畑　英志 著

中央労働災害防止協会

まえがき

みなさんの職場には、墜落・転落、転倒、はさまれ、巻き込まれ、熱中症などが起こるかもしれないと、気になる箇所があるのではないでしょうか。

しかし、その「気になる」危険と箇所がボンヤリとしていたり、危険に気づかないこともあります。また、職場の安全確保は、環境や設備・機械の安全化、ルール化などの改善により事故防止を図ることが重要ですが、時間がかかったり、顧客先の現場で働く場合などでは、改善が難しい場合も少なくありません。

そうした場合の対策は作業者の行動に委ねることが多くなりますが、職場のどこにどんな危険があるのかを前もって把握し、どうすれば事故にならないかを知っていれば、作業者は事故に遭わない行動をとることができます。

そのためには、職場の危険を見える化することが大切です。本書を参考に職場のみんなで危険マップを作成して、安全な職場づくりを始めてみましょう。

目　次

危険マップをつくろう

1 危険マップとは

過去に事故やヒヤリ・ハットが発生した危ないと気になる場所、危険の内容、対応を地図上に書き込んで、職場の危険を「見える化」するツールが危険マップです。

危険の感受性は人それぞれ違うので、危険に気づかないこともあります。危険マップを掲示することで作業者に危険箇所を知らせ、事前に対策を決めておくことにより、注意喚起することができます。

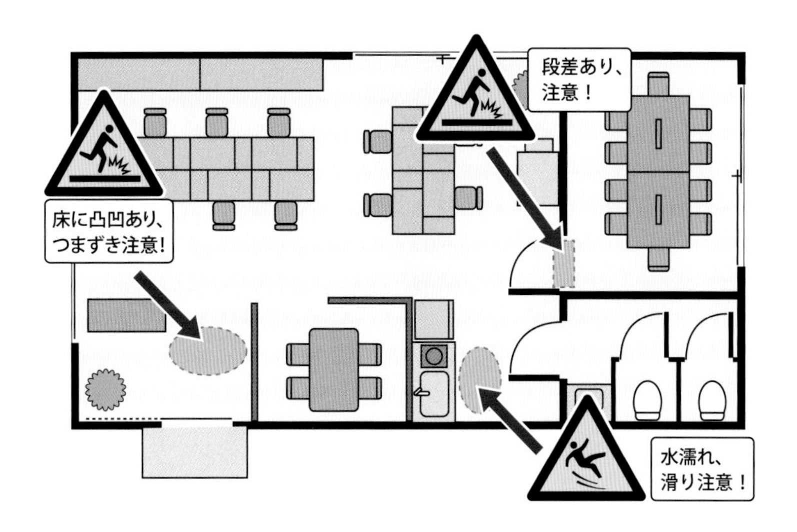

2 危険マップをつくるメリット

危険マップを職場のみんなで作成し、活用することで次のような現場の力が生まれます。

❶ 危険を見える化し、掲示することで、危険の回避行動を促せる。

❷ 作業のやり方などの見直しにつながる。

❸ 作業手順書と紐づけることで、危険に配慮した作業指示ができる。

❹ 安全上、気になることは口に出し、声掛けする職場風土づくりが進む。

❺ みんなが参加することでコミュニケーションが活発になり「私も決めたひとりだから守ろう」と、安全意識を持たせることができる。

3 危険の内容をイメージしやすくする

危険マップには、危険な箇所・モノ・行動、予測される事故、防止対策、確認事項（指差し呼称の項目）を明示して、見える化します。

さらに、危険マップに図記号や標識、写真等を加えることで、危険場所と事故がひと目でイメージしやすくなります。どのような図記号等を使うかをみんなで決めたり、オリジナルのものなどを考えてみることで、安全職場づくりがより一層進みます。このほか、ISO7010（図記号）やJIS規格の安全標識（JIS Z 8210「案内図記号」）もあります。

《図記号の例》

すべる注意

つまずき注意

ふみはずし注意

（出典：中央労働災害防止協会「多様な労働者向け職場におけるリスクのわかりやすい図示化の取組みへの支援事業」（https://www.jisha.or.jp/order/zushika/）より）

転落注意

のぼり段差注意

感電注意

天井注意

（出典：（一財）日本規格協会、JIS Z 8210「案内用図記号」より）

危険マップの作成手順

管理監督者、職場のメンバー全員がチームとなって話し合いながら作成します。見落としがないように、できるだけ実際に職場を回りながら作成しましょう。

具体的な作成手順は次のとおりです。〈手順1〉の事故、ヒヤリ・ハット報告や安全パトロール、リスクアセスメント※等の指摘箇所がない場合は〈手順2〉からはじめます。

〈手順1　事前の情報をもとに作成〉

手　　順	主 体 者	詳　　細
① 職場の平面図を用意する	管理監督者	地図など
② 危険箇所をマークする	管理監督者	事故、ヒヤリ・ハット、残留リスク、安全パトロールで取り上げられた箇所をマークし、番号を記入する
③ マークした箇所の危険の内容を記入する	管理監督者	危険の内容を整理する
④ 対策を記入する	管理監督者	作業者がその場所でできる対策
⑤ 確認事項を記入する	両者	作業者がその場所で確認する事項

〈手順2　職場の意見をもとに作成〉

手　　順	主 体 者	詳　　細
① 職場の平面図を用意する	両者	〈手順1〉がなければ用意する
② 巡回点検など移動が伴う場合は動線を記入する	両者	〈手順1〉がなければ記入する
③ 職場のメンバーに問いかける	管理監督者	「気になっている」点を問いかける
④ 危険箇所をマークする	管理監督者	マップにマークと番号を記入する
	メンバー	発言者は気になる危険を話す
⑤ 危険の内容を記入する	管理監督者	危険の内容を問いかけて聴きだす
⑥ 対策を問いかける	管理監督者	自分達でできる対策を問いかける
⑦ 対策を出す	メンバー	自分が思う対策を発言する。対策はいくつあってもかまわない
⑧ 対策を決め、記入する	管理監督者	メンバーにはかり、職場としての対策を決める
⑨ 確認項目を問いかける	管理監督者	その場で確認する内容をメンバーに問いかける
⑩ 確認する内容を提案する	メンバー	確認する内容を発言する
	管理監督者	危険の洗い出しシートに記入する
⑪ 確認することを決め、記入する（指差し呼称）	両者	メンバーにはかり、確認内容を決定する

※ リスクアセスメントは、事業場にある危険性や有害性を特定し、そのリスクの影響の大きさを評価し、優先度を定め、リスク低減措置を講じる、一連の手順をいう。

危険マップ作成のポイント

作成のポイント1　職場マップを用意

1）職場の地図や平面図を用意します。写真、手書きでも結構です。

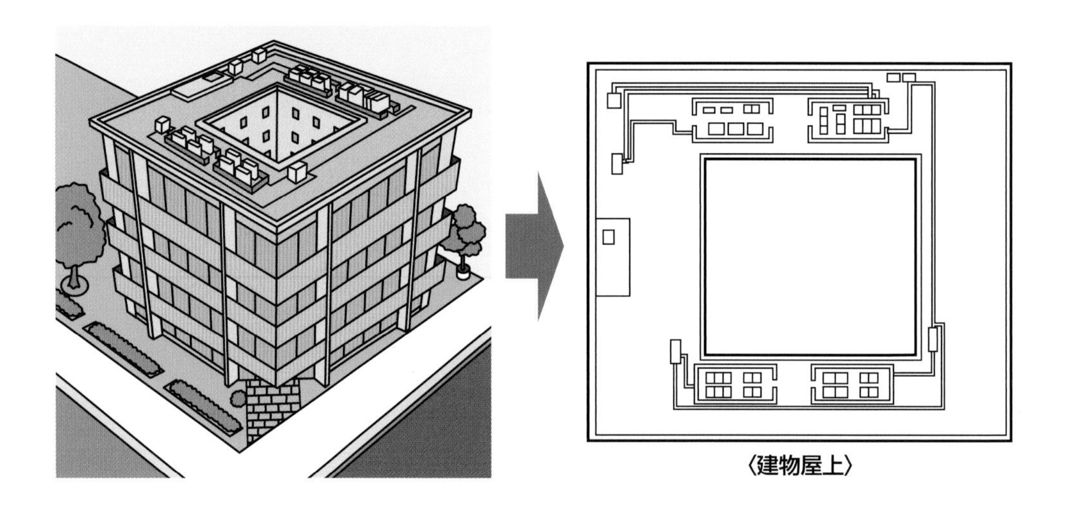

〈建物屋上〉

2）巡回点検など移動ルートがある場合は、地図または平面図にそのルートを書き込んでおきます。

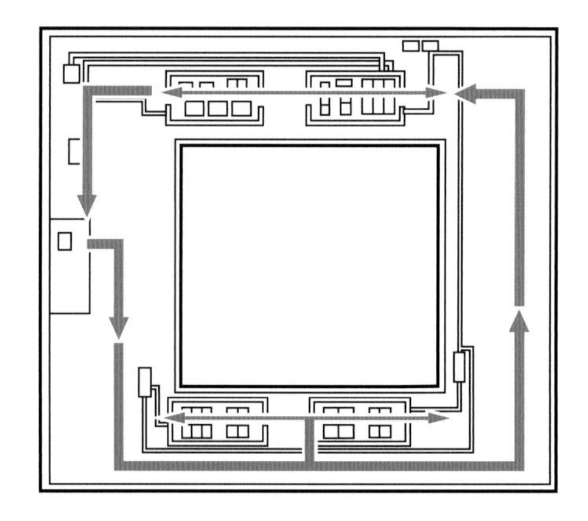

作成のポイント2　危険箇所をマーク

事故やヒヤリ・ハット報告、安全パトロール、リスクアセスメント、KYT※等で指摘された箇所があれば〈手順1〉として、地図に指摘箇所を○などでマークします。該当しない場合は〈手順2〉を参考に、職場の意見をもとに作成します。

❶〈手順1〉は、事前に管理監督者が記入しておくことで真剣な姿勢を示すことができるとともに、作業者の負担も減らすことができます。
❷〈手順2〉は、メンバーが「危ない」と感じる箇所に○を入れます。
❸ 巡回点検など移動ルートが決まっている箇所は順番を番号で示しても結構です。
❹ 数が多くて書ききれない場合は、大きな事故や頻発する事故につながる箇所を優先します。

作成のポイント3　どのような危険かを把握

❶ どう危ないと感じているのかを話し、管理監督者は問いかけながら危険の内容を捉えます。11頁の「危険の洗い出しシート」を活用すると整理しやすくなります。
❷ 危ないモノ・行動、予測される事故をそれぞれ要約してマップに記入します。
❸ 危険マップに記入するスペースが少なく、事故と対策だけしか記入できない場合は、不安全行動を注意喚起するために、危ない行動や確認事項の内容について、よく話し合ってください。
❹ イラストや写真、図記号等を加えると見やすくなります。

作成のポイント4　対策はその場所でできること

❶ すでに対策が決まっている場合は、なぜその対策をするのかを話し合います。
❷ ルールに則し、その場所で自分たちができる対策を話し合って決めます。

※ 作業者が作業の直前や作業現場で確認するためのものが危険マップですから、ここでは作業者がその場でできる対策をたてます。

作成のポイント5　確認すること

作業は確認の連続です。作業者が「この場所では、こうなっていれば大丈夫」などと、「あるべき姿」をふまえて、「○○、○○ヨシ!」と指差し呼称で確認します。

※ KYT（危険予知訓練）は、作業や職場にひそむ危険要因等について、イラストシート等を用いて小集団で話し合い、危険のポイントや行動目標を決定し、行動する前に解決する訓練。

完成した危険マップの例〈基本形〉

❶ プラットホームを踏み外して転ぶ。
➡ へりの手前でいったん止まる。
● 指差し呼称
「へり50cm手前、ストップ　ヨシ!」

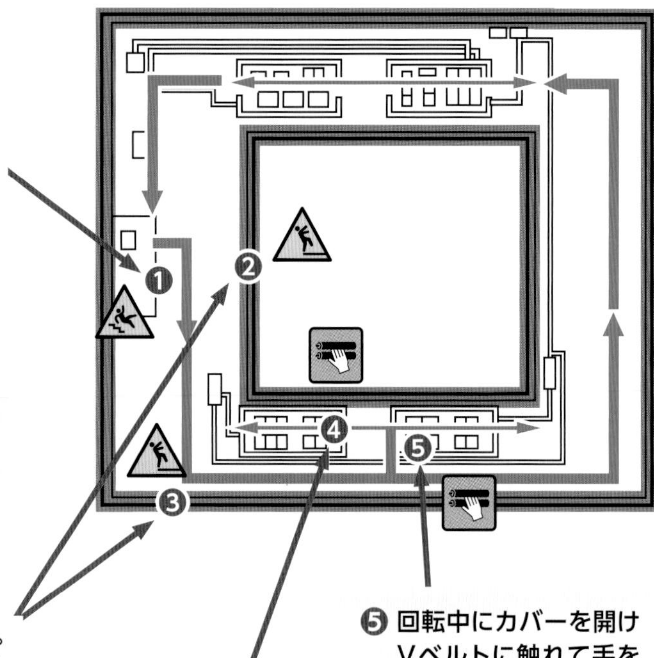

❷❸ へり全体について(ピンク色の線の部分)
へりの近くに溝があり、足を引っかけて転落する。
➡ 凹部からの立入禁止。
● 指差し呼称
「凹部手前、ストップ　ヨシ!」

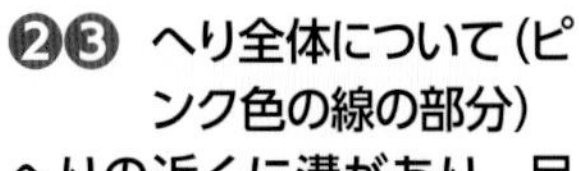

❹ 段差でつまずきとっさに手が出て空調設備のVベルトに巻き込まれる。
➡ 段差手前で止まる。
● 指差し呼称
「段差前、ストップ　ヨシ!」

❺ 回転中にカバーを開けVベルトに触れて手を巻き込まれる。
➡ Vベルトの交換は作業手順書を厳守。

作成のポイント6 環境の変化によって加える危険

同じ場所でも環境の変化等によって危険の内容は変わる場合もあります。1枚で書ききれない場合は、変化ごとに危険マップを用意します。

❶ 天気（晴れ、雨、雪、強風）
❷ 暑い、寒い
❸ 湿気、乾燥
❹ 朝、昼、夜
❺ 動物等（犬、ハチ）

作成のポイント7 聴き取り

作成ミーティングに参加できなかったメンバーには、完成する前に聴き取りを行い、必要な意見は反映します。

作成のポイント8 利用者等

職場によっては、作業者だけでなく顧客や施設の利用者などの危険を加えることも考えます。

作成のポイント9　危険の洗い出し

危険の見える化とは、①危険源はなにか、②そこではどんな災害が起こるか（起こったのか）を予測することから始まります。次の表（例）を参考にして危険の洗い出しを行いましょう。

危険源	予測される事故（例）
機械	はさまれ、巻き込まれ、切れ、こすれ、激突
電気	感電、電撃（をきっかけとする墜落・転落）
熱（高温、低温）	火傷、熱中症、凍傷
騒音	聴力障害
振動	血行障害、骨・関節障害
放射線	火傷、失明、被ばく
材料（粉じん、化学物質）	じん肺、中毒、皮膚障害、呼吸困難
重量物	腰痛、疲労
使用環境（濡れ、段差等）	滑り、つまずき、転倒
高低	墜落、転落、落下物
爆発・引火性のもの	火傷、飛来、衝突
ガス、空気	中毒、酸欠
気圧	減圧症
動物、虫	かまれる、刺される

危険の洗い出しシート

次のシートをコピーし、聞き取った内容を記入しましょう。
事業所の内容に合わせてアレンジしても、有効です。

	あっ危ない ○○（事故） になる	なぜならば		対　策	確認すること
		危ないもの	危ない行動、 やり方		
例	つまずいて 転ぶ	床にはしって いるパイプ	よそ見をしな がら歩く	足元を見て 歩く	パイプまたぎ ヨシ
1					
2					
3					
4					
5					

話し合いのポイント

危険マップは、危険を見える化することで、作業者の安全意識を高め、危険を回避するのが目的です。そのため、管理監督者や作業者が話し合いながら作成することが大切です。話し合いのポイントは次のとおりです。

話し合いのポイント1 よく聴く

管理監督者は、一人ひとりに危険と感じているところはどこかを問いかけ、よく話を聴きましょう。職場の危険に一番気づいているのは作業者という場合もあります。メンバーの感じている危険に、「おや?」と思っても「そういう危険もあるね」と素直に受け止めてください。危険の感受性は人によって違うものです。

話し合いのポイント2 批判、否定は厳禁

意見をさえぎったり「そんなことやるなよ」、「それはないな」と否定したり、だれかの一方的な進め方になると、もう何も話さない人も出てきます。それでは職場の話し合いになりません。批判や否定、決めつけは危険情報が入りにくくなります。

話し合いのポイント3 声掛け

話し合いの進行をする人は、メンバー全員に発言の声掛けをしてください。声高な人や上位の職制の人の意見にメンバーが引っ張られてしまうと、反発や他人事と思う人が出てきて実践につながりません。大事なことはマップをつくる過程で危険に気づき、ルールの大切さに気づき、自分達の問題でもあると気づくことです。

話し合いのポイント4 合意を得る

結論をまとめるときは、全員の合意を得ます。一方的であったり数名で決められると「私には関係ない」と感じてしまいます。人は、自分も参加して、納得して決めていく過程でやる気が生まれます。しかし、どうしても合意が得られない場合もあるでしょう。そのときは管理監督者が自分の考えを伝えてリードしましょう。

危険マップの活用

危険マップは、作成したら終わりではありません。活用されて、事故防止につなげることが目的です。活用のポイントは次のとおりです。

活用のポイント1　現場でも危険を見える化

危険マップにマークされた箇所については、現場でも、ひと目で危険とわかるように、見える化をします。ステッカー、札、区分線、誘導線、色分け、カラーコーンなどを用いて注意を促します。

●足元のパイプにトラ柄テープを使用

●頭上に警告用クッションを使用

●荷物置場の色分け

●ステッカーの貼付

活用のポイント2　作業手順書との紐づけ

危険マップと作業手順書が紐づけられていると、作業指示者は、安全に配慮した作業指示をすることができます。作業者も作業手順書に定められた作業方法を守りやすくなります。

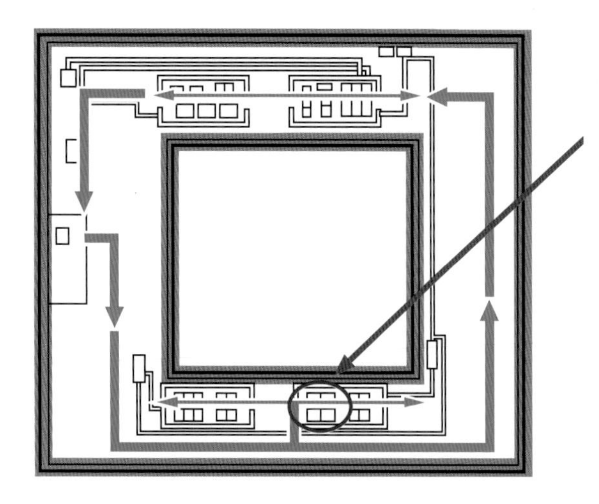

回転中にカバーを開けVベルトに触れて手を巻き込まれる。
➡ Vベルトの交換は作業手順書を厳守。

作業手順書

職場名	○○ビル		
作業名	Vベルト交換	ステップ	
器具	ヘッドランプ、工具一式	保護具	保護手袋
資格	社内実技訓練修了者	その他	

危険の予測	危ないモノ	危ない行動	災害	対策
	プーリー、ベルト	回転体に触れる	巻き込まれ	止まるまで待つ

順番	手順 〜を〜する	急所、やり方のポイント 成否・安全・やりやすく	確認 〜ヨシ！
1	電源を切って 札かけ	「作業中」の札かけと鍵かけ	扉が開かない　ヨシ！
2	個別の電源切り	ハンドルに札かけテープで 止める	札が落ちない　ヨシ！
3	ベルトが止まるまで 待つ	回転が止まるまでプーリー、 ファンベルトに触れない	ベルト停止　ヨシ！

活用のポイント3　作業前ミーティング

作業前ミーティングで、安全に関する注意事項などを伝えるときは、危険マップを示しながら話しましょう。管理監督者が危険マップを頻繁に使用することで、作業者も見るようになります。

活用のポイント4　危険マップの置き場所

だれでもすぐ見えるようにボード等に掲示してください。常に危険を意識させることが大切です。

活用のポイント5　声掛け

現場の作業者が経験豊かな場合でも、だれにでも「うっかり」、「ボンヤリ」、「勘違い」、「ちょっとぐらい……」といったことはあります。同僚や管理監督者も、危険マップで示された危険箇所では、ぜひ声を掛け合いましょう。

また、みんなで決めたことが守られていない場合は、責めるのではなく、なぜ守らなかったのかを聴き取りましょう。危険マップに問題があれば修正します。

危険マップの更新

職場の状況はいつまでも同じではありません。状況に変化があれば改訂します。また、状況が変わらなくても、より見やすくしていくことも大切です。

年末や年度末、半年ごとなど定期的に内容の更新を図りましょう。また、次のような状況の変化があった際にも反映をしましょう。

更新のポイント　更新を行う状況の変化

❶ より良い対策が見つかった

❷ 設備や機械の状態が変化、入れ替えをした

❸ 環境が大きく変化した

❹ KYTで取り上げられる危険があった

❺ 事故やヒヤリ・ハット報告があった

❻ 安全パトロールで新たに指摘箇所があった

❼ リスクアセスメントで高いリスクと評価された

❽ 作業者の配置転換があった

事例　更新された危険マップの現場写真

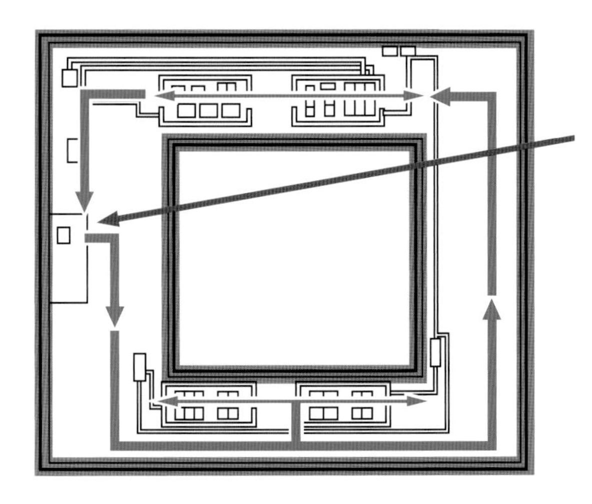

プラットホームを踏み外して転ぶ。

➡ へりの手前でいったん止まる。

● 指差し呼称
「へり50cm手前、ストップ
ヨシ!」

〈当初の写真〉

プラットホームを踏み外して転ぶ。

➡ トラ柄テープから降りる。

● 指差し呼称
「トラ柄テープ降り　ヨシ!」

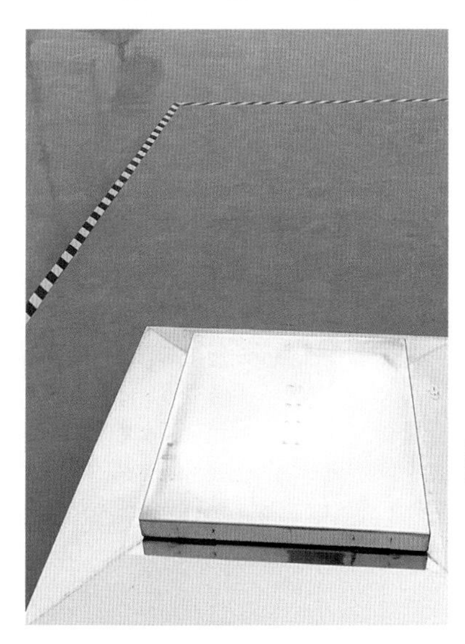

プラットホームを踏み外して転ぶ。

➡ 誘導線のトラ柄テープから降りる。

● 指差し呼称
「トラ柄テープ降り　ヨシ!」

危険マップの作成例

〈基本形〉製造現場（溶接職場）

《入室ルール》
- 許可を得た者以外立入禁止
- 保護具（防じんマスク、遮光面、かわ製手袋、前掛け）着用のこと

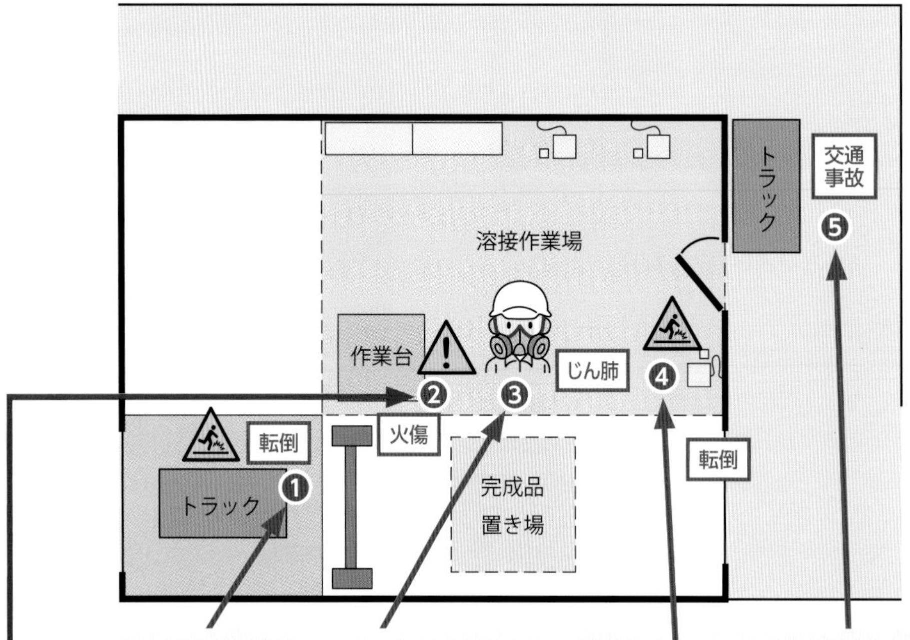

❶ トラックに積むために、クレーンで吊った製品を注視しながら移動し、足元の道具を踏んで転ぶ。
➡ 事前に通路を整理整頓しておく。
- 指差し呼称
「障害物なし　ヨシ!」

❸ 顔と防じんマスクとの間に隙間があり、粉じんを吸い込む。
➡ 防じんマスクを装着したら、フィットチェックを行う。
- 指差し呼称
「隙間なし　ヨシ!」

❺ 作業場から屋外に出た際に、屋外通路を走行してきたトラックとぶつかる。
➡ 屋外通路手前で、左右を見る。
- 指差し呼称
「車両なし　ヨシ!」

❷ 溶接作業を見るだけと、保護具を装着せずに見学していて、溶接火花がかかり火傷する。
➡ 溶接作業の傍にいるときも、保護具を装着する。
- 指差し呼称
「防じんマスク、遮光面、かわ製手袋、前掛け装着　ヨシ!」

❹ 手元を見ながら移動して、床に這っているホースに足を引っかけて転ぶ。
➡ 足元をよく見て歩く。
- 指差し呼称
「ホースまたぎ　ヨシ!」

〈基本形〉化学実験室

《入室ルール》
- 入室の際は保護メガネを着用する。

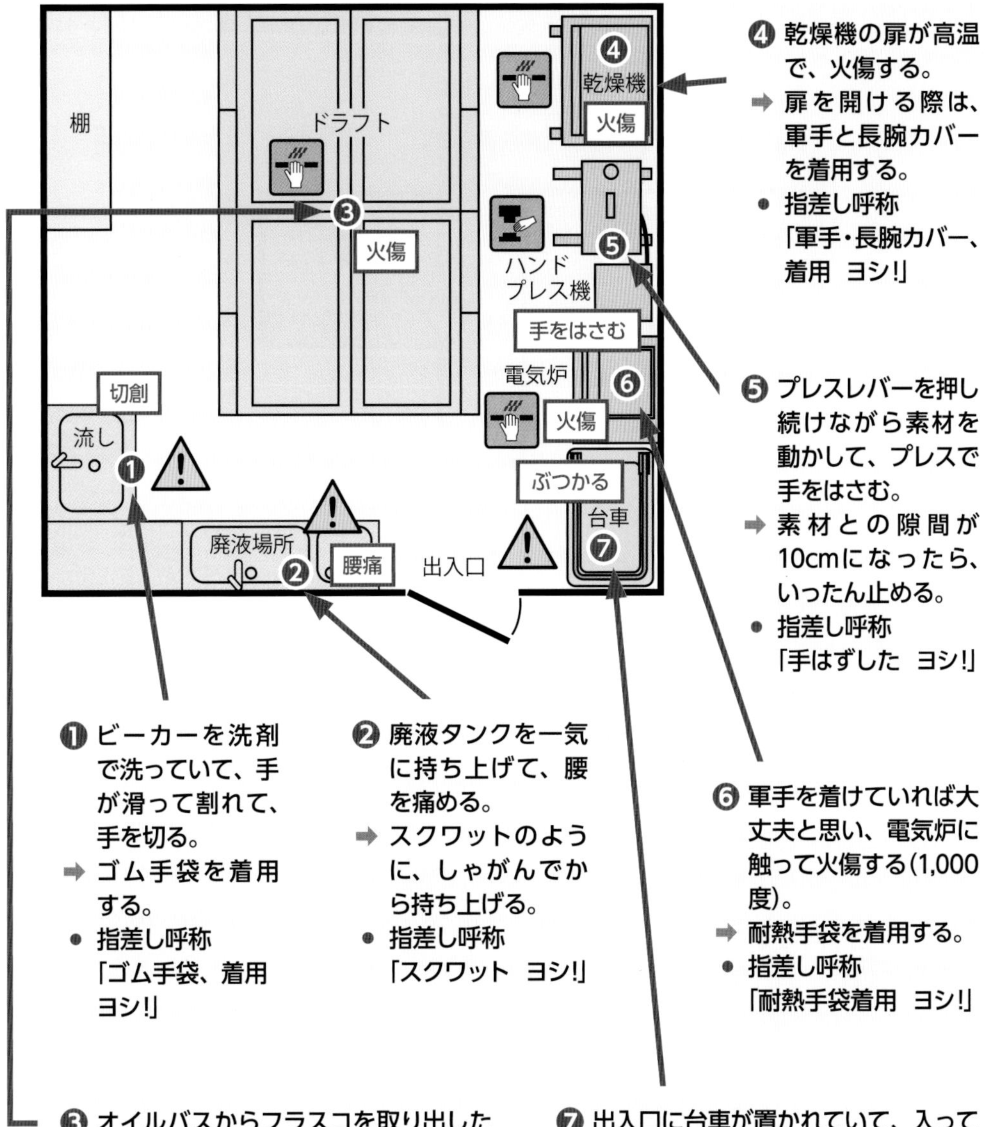

❹ 乾燥機の扉が高温で、火傷する。
➡ 扉を開ける際は、軍手と長腕カバーを着用する。
- 指差し呼称
「軍手・長腕カバー、着用　ヨシ!」

❺ プレスレバーを押し続けながら素材を動かして、プレスで手をはさむ。
➡ 素材との隙間が10cmになったら、いったん止める。
- 指差し呼称
「手はずした　ヨシ!」

❶ ビーカーを洗剤で洗っていて、手が滑って割れて、手を切る。
➡ ゴム手袋を着用する。
- 指差し呼称
「ゴム手袋、着用　ヨシ!」

❷ 廃液タンクを一気に持ち上げて、腰を痛める。
➡ スクワットのように、しゃがんでから持ち上げる。
- 指差し呼称
「スクワット　ヨシ!」

❻ 軍手を着けていれば大丈夫と思い、電気炉に触って火傷する(1,000度)。
➡ 耐熱手袋を着用する。
- 指差し呼称
「耐熱手袋着用　ヨシ!」

❸ オイルバスからフラスコを取り出した際に、油で手が滑って割れて、手を火傷をする。
➡ オイルバスとジャッキはこまめに掃除する。
- 指差し呼称
「滑りなし　ヨシ!」

❼ 出入口に台車が置かれていて、入ってきた人にぶつかる。
➡ 台車は、台車置き場のラインの内側にストッパー掛けして置く。
- 指差し呼称
「台車動かない　ヨシ!」

〈表形式〉オフィス

●危険マップ作成のうえでは、図記号等の表記がなくても構いません。危険、対策や確認事項を表にまとめる方法もあります。「指差し呼称」がなじまなければ、「確認」とすればいいでしょう。

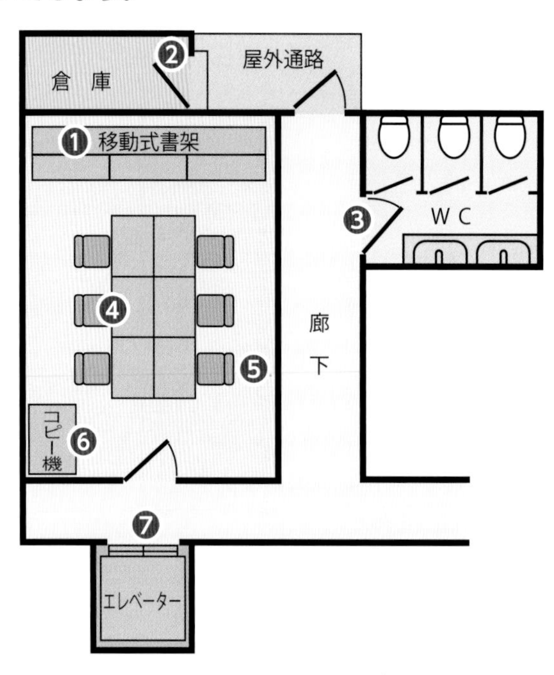

❶	危険：書架の棚の間で探し物をしているときに棚を動かされ、はさまれる。 対策：書架の両側のハンドルをロックしておく。	確認：ハンドル回らない
❷	危険：荷を持って倉庫に入るとき、段差につまずいて転ぶ。 対策：出入口では足元を見る。	確認：段差足のせ
❸	危険：勢いよくトイレのドアを押し開けて、トイレにいた人にぶつかる。 対策：ドアの窓ガラスに人影があるかを見てから開ける。	確認：人影なし
❹	危険：机の引き出しを出したまま移動しようとして、ぶつかる。 対策：用が済んだら、引き出しはすぐ閉める。	確認：引き出し閉め
❺	危険：椅子を出しっぱなしにして席を離れ、歩いてきた人が椅子に足を引っかけて転ぶ。 対策：席を離れるときは椅子を机にしまう。	確認：椅子入れ
❻	危険：コピー機に汚れがあったので、引き出したドラムを触って火傷する。 対策：ドラム周りの確認は専門のサービスマンに依頼する。	確認：ドラムは出さない
❼	危険：急いでいたため小走りでエレベーターを降りたが、昼の消灯で廊下が暗く、エレベーター前で待っていた人にぶつかる。 対策：エレベーターの外を見て、ゆっくり降りる。	確認：人よけ

〈簡易版〉レストラン（厨房）

●危険マップは、危険な場所と対策のみの簡易的なものから始めてみてもいいでしょう。

段差でつまずいて転倒する。
➡ 手前でいったん停止する。

外靴で歩いていて、滑って転倒する。
➡ 指定の厨房用の靴にはき替える（耐滑性あり）。

コーヒーピッチャーを持ち上げた際に、コーヒーメーカーの抽出口にぶつけて、コーヒーがこぼれ、火傷する。
➡ コーヒーピッチャーは、横にスライドさせて取り出す。

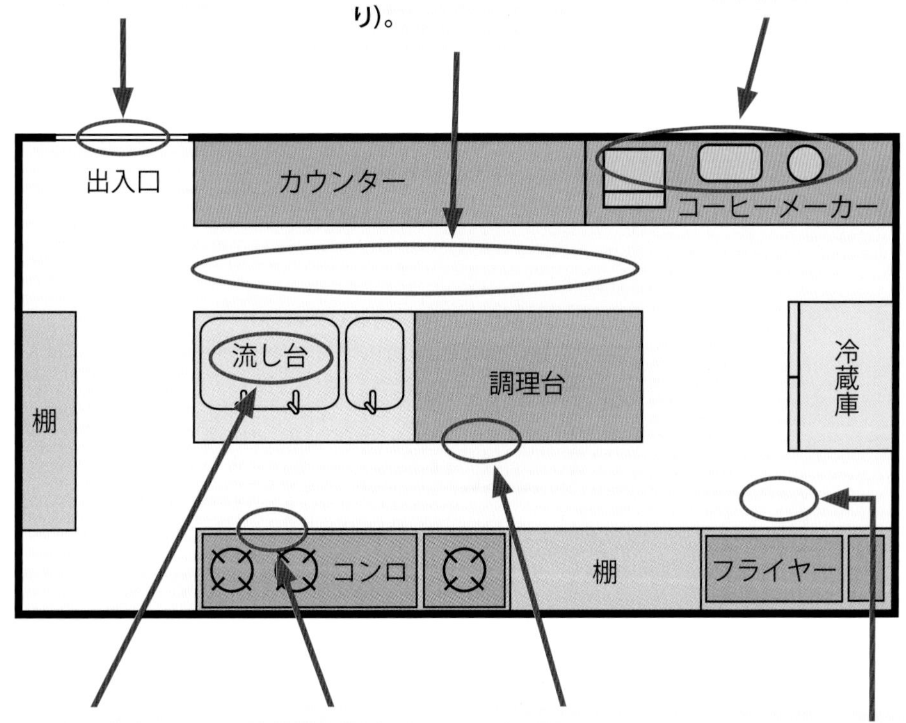

洗い物の中に割れたコップがあり、手を切る。
➡ 洗い物の際は、ゴム手袋を着用する。

ひざを伸ばしたまま寸胴鍋を持ち上げて、腰を痛める。
➡ 一度かがんで、スクワット動作で持ち上げる。

調理台にぶつかって台がゆれ、出しっぱなしの包丁が落ちて足を切る。
➡ 包丁は使用後、すぐに洗って、包丁置き場に戻す。

ふたのない廃油缶に廃油を入れて運搬しようとして、油がはねて火傷する。
➡ 廃油の温度が冷めてから運搬する。
➡ 運搬の際は、廃油にふたをする。

〈特定の危険：転倒危険箇所〉社会福祉施設（デイケアセンター）

●特定の危険だけを表示する方法もあります。

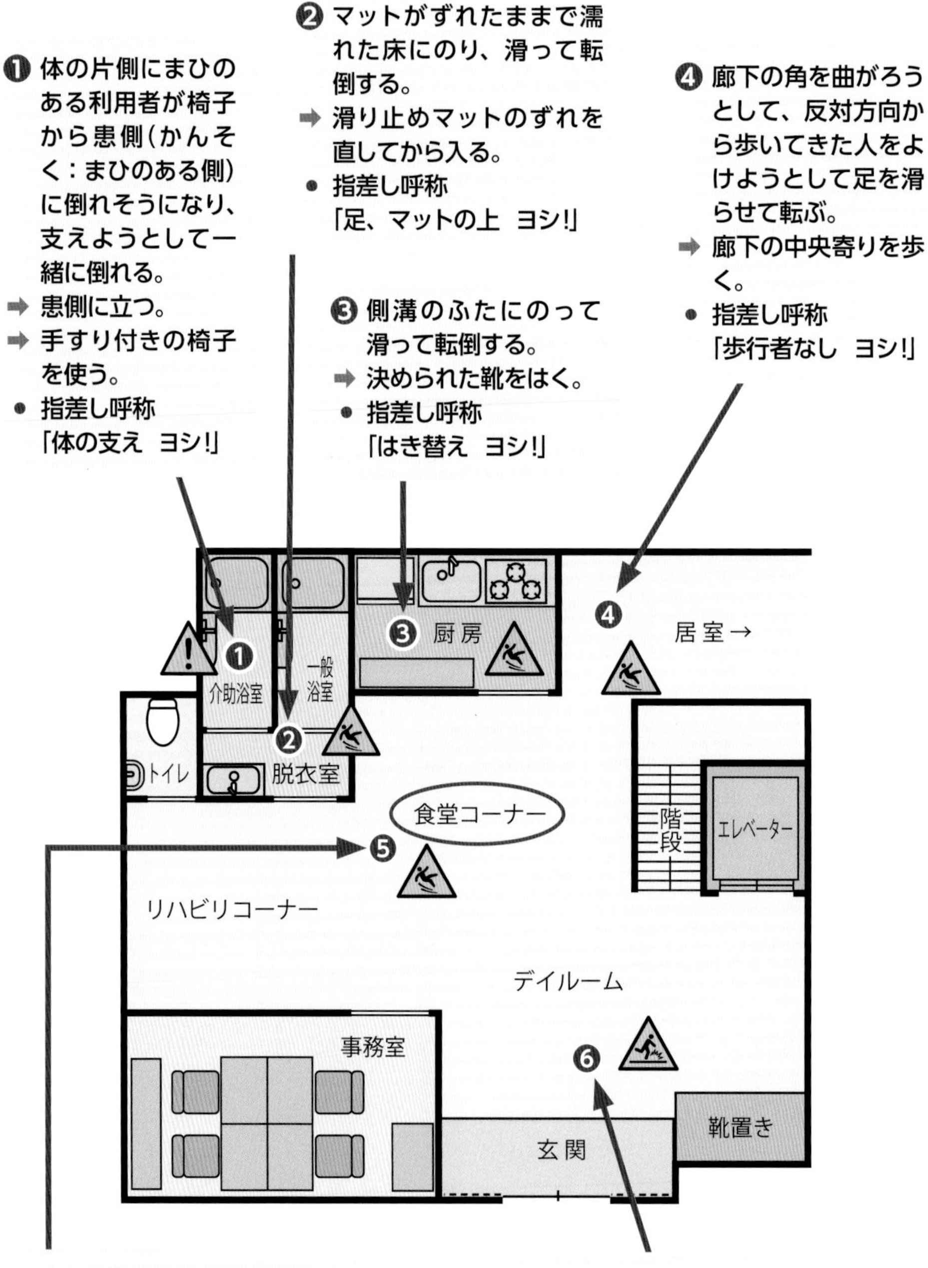

あとがき

危険マップは、作業者に危険箇所への注意喚起を促し、ついやってしまう不安全行動に「待った」をかけます。しかし、危険をなくせるわけではありません。ハード、ソフトの対策で危険をなくす、または小さくしていくことが肝要です。顧客の施設で作業する場合、設備面の改善は難しいですが、管理監督者はあきらめずにハード面の改善要望をあげ続けてください。

また、不安全行動やルールの遵守については、職場の作業者にも考えてもらう職場活動が必要になります。

管理監督者も作業者も、それぞれがやるべきことを行い、全員参加の安全な職場づくりを進めていきましょう。

本書の制作にあたり、和光産業株式会社にご協力をいただきました。心よりお礼申し上げます。

令和３年11月

安全教育企画　畑　英志

（中央労働災害防止協会　元ゼロ災推進センター所長
中災防安全衛生エキスパート）

職場の“あぶない”がひと目でわかる！

危険マップをつくろう

2021年11月4日　第1版第1刷発行

著　　者　畑　英志
発 行 者　平山　剛
発 行 所　中央労働災害防止協会
〒108-0023　東京都港区芝浦3丁目17番12号
吾妻ビル9階
販売／TEL：03-3452-6401
編集／TEL：03-3452-6209
ホームページ　https://www.jisha.or.jp
印刷・製本　新日本印刷株式会社
イラスト　イラストワークカムカム
デザイン　有限会社デザイン・コンドウ

◎乱丁、落丁本はお取り替えします。

21623-0101
定価：550円（本体500円+税10%）
ISBN　978-4-8059-2017-6　C3060　￥500E